_____ 님에게

詩라는 그릇에 담긴 말들이
지상의 어두운 그늘을 밀어내고
따뜻한 동행이 되고자
이 시집을 드립니다

년   월   일

플랫폼에서

김명자 제4시집

| 시인의 말 |

끝닿을 수 없는 곳
눈부심으로
그리움으로 오롯이 살아있는 그대여!

바라보는 것만으로도
설레는 마음
뜨거워지는 가슴

드러내지 않으려
감추고 또 감추어도
삐져나오는 마음
뉘라서 감히 그립지 않다고 말하리

푸른 가시
새롭게 돋아나는 이 농익은 청춘
오늘도
내게 오는 바람
떠나는 바람에게
가만히 안녕을 고한다네
그대 무한 안녕하기를…

2024년 동짓달에
갈빛 **김명자**

김명자 시집 / 플랫폼에서

시인의 말

제1부
계절이 가는 길목

지금 창밖에는	14	술래는 누구	22
율무 탈곡하는 날	15	쓸쓸한 대화	23
산 그림자 눕는 마을	16	담 넘어온 아침을 맞으며	24
가을 낙엽	17	너를 보내며	25
그리움의 독毒	18	계절이 가는 길목 1	26
삼월의 봄	19	동백꽃 지던 날	27
계절이 가는 길목 2	20	오늘이었음 좋겠다	28
꿈을 심다가	21		

제2부
시간의 갈피 속에서

왜 하필이면　　　　　30
본능　　　　　　　　32
사랑은 그렇게 온다　　33
비봉산 정상에서　　　34
님이여 영원히 빛나소시 36
고개 들지 못하는 이유 38
배고픈 영혼　　　　　39
족자 속 시화　　　　　40

횡재　　　　　　　　41
후회 1　　　　　　　42
바람　　　　　　　　43
詩 다방에 홀로 앉아　44
분며쥼　　　　　　　45
홍수 터진 날　　　　46
무제　　　　　　　　48

제3부
플랫폼에서

안부를 묻고 안부를 전하며   50
운명이다   51
플랫폼에서   52
새로운 시작   53
이젠 내려놓을 때   54
내 삶의 꼭지점을 찾은 날   55
내 살아 숨 쉴 곳   56
아직도   57
이젠 나도 살고 싶습니다   58

서리 내린 아침에   60
빗금을 그리며   61
그대의 혼불   62
누워서 천정을 보다가   63
시간의 벽   64
이제부터 시작이다   65
아틀란티스   66
엽서를 쓰다가   67

제4부
언제쯤이면

참 사랑의 말	70	언제쯤이면 1	78
중독	71	왜일까요	79
눈 내리는 4월에	72	언제쯤이면 2	80
에게해를 건너며 2	73	그대는 지금 어디에	81
착각은 자유	74	내게 힘든 일	82
만남 그리고 이별	75	어떻하지	83
무엇이 다른가	76	가랑잎 속에 사랑을	84
삶의 한 조각을 나누며	77		

제5부
찔래꽃 피는 오월 창가에서

분홍스웨터	86
찔래꽃 피는 오월 창가에서	87
후회 Ⅱ	88
고향 그리움 1	89
고향 그리움 2	90
가슴이 1	91
가슴이 2	92
진달래 연가	93

불타는 가을 향기	94
그리운 병病	95
마음속에 사는 사람	96
함박눈 내리는 날	97
그리움	98
목련꽃 흐드러지게 핀 밤에	99
봄날의 추억	100

제6부
작은 소망

모두 인연이고 싶다 102	봄날의 향유 110
오월 장미 앞에서 103	나였으면 111
봄날에 104	바램 112
오늘 하루만이라도 105	약속 113
연착 출발했습니다 106	가을비 내리는 날엔 114
그대를 보내놓고 107	산 넘으면 보일까 115
자목련 지던 날 108	바다를 건너면 만날까
봄 마중하는 날 109	이렇게 좋은 날엔 116

평설
삶의 여정과 휴머니즘 실천의 정신　　　**지은경**　　117

제1부
계절이 가는 길목

지금 창밖에는

지금 창밖엔 비가 내리고 있습니다

가을이 지나는 비라서 그런지
그대가 아니 계시어 그러한지
떨어지는 빗방울 소리
철판에 쇠창살 박히듯 아프게 들려옵니다

이제 곧 눈이 내리겠지요
그대의 눈처럼 맑고 포근한 눈
시끄러운 마음 다 덮어줄
어지러운 세상 다 잡아줄
포근하고 아늑한 눈雪이

가을이 창문을 두드리며 떠나갑니다.

율무 탈곡하는 날

파릇한 날들이 쉬이 물드는 시간
콧끝이 찡하게 저며 온다

산 고랑 고랑마다
뼈마디 익느라 신음소리 가득하고
야무지게 잘 익은 영혼의 빛깔
맑은 하늘로 쉼 없이 날아올라 장막을 칠때
찰진 냄새 흠씬 풍기는 끼끼한 수연 더미
덥석 안고 탈곡을 한다
여인네 분가루 같은 추억들이
또르륵 또르륵 떨어져 섬처럼 쌓인다

빼꼼이 보이는 파란 하늘이
한 없이 예뻐 보이는 날
가슴 저린 하루가
인적 드문 산골짝에서 수줍게 지나간다.

산 그림자 눕는 마을

산 그림자 성큼성큼 다가서는
산 골 마을에
도란도란 모여 앉은 작은 지붕들

뉘 집에서 시래기 장국이 흘러넘치는지
갈라진 할머니의 외침 소리
낮은 흙 담을 넘어 데굴데굴 굴러 나오고
구수한 냄새에
허기진 배가 하품을 한다

저녁 구름 쫓느라
소란스레 짖어 대던 멍멍이 소리
잠잠하게 잦아들 즈음
벌레 먹어 더 예쁜 감나무 잎사귀
하나 둘 떨어져
늦가을 이슬 맞은 밤을 덮는다
산 그림자 지붕위에 길게 뉘어두고.

가을 낙엽

아무 곳에나 툭 떨어져도
싫어하지 않고 얼싸안고 뒹구는
벌레가 먹어 더 많이 예쁜

짓밟히는 아픔보다
밟혀주는 기쁨으로
또 다른 삶을 열어기는 너

추적추적 가을비 내리는 날
까닭 모를 서러움에 목메어 우는
여린마음 다독이며 포근히 안아주고
살며시 날아가는 너는
알록달록 무지개 천사

말로는 차마 다 할 수 없는
나의 연인.

그리움의 독毒

사방에 뒹굴던 나뭇잎들이
어디론가 모두 자취를 감추고
앙상한 바람만 홀로 남아
앵앵거리며 비좁은 골목을 모조리 훑고 있다

이름만 들어도
눈가에 금방 이슬이 맺히는 그리운 얼굴
자꾸만 눈앞에서 머뭇거린다

바싹 마른 눈꺼풀에 무겁게 매달렸던 미련들
발밑으로 하나 둘 구르는 사이
나도 모르게 고개를 떨구고 있다

한 모금도 마시지 못하고 식어버린 헤즐럿 한잔
그 속에,
잔뜩 웅크린 야생 고양이 한 마리
물끄러미 나를 올려다보고 있다.

삼월의 봄

눈송이에 묻혀
오는 줄도 몰랐는데…
햇볕에 홀려서 반짝이는 은비늘
방글방글 눈웃음치는
연초록 눈동자를 보았습니다

게으름 피우며
솜이불 속에서 빈둥대나
엉겁결에 끌려나와 혼이 빠져버린 봄
나체가 되어버린 봄을 보았습니다

솔가지처럼 뾰족한 바람, 샐쭉한 바람에
여린 얼굴 긁혀서
붉으레한 볼에 핏방울이 송글송글 맺혀있는
아직은 보숭보숭한 털이 아픈지
작은 흐느낌 소리가
희끗희끗한 계곡을 울리는
삼월의 봄을

계절이 가는 길목 2

새파랗게 질려서 꽁꽁 얼어붙은 하늘을 보고
누군가 토해 놓은 각혈을 보고
겨우 깨달았습니다
세월은 아무리 막아도 흘러가고
우리네 인생도 또 그렇게 흘러간다는 것을

온 산하를 핏빛으로 물들이고
하얀 손을 흔들며 벼랑 끝에 서 있는 자
그가 바로 나 자신이란 걸
'이순'의 나이가 되어서 겨우 깨닫습니다

귓가에 맴도는 그리운 이름 포근히 안아 보지 못하고
작은 가슴속에 덕지덕지 엉겨 붙은 그리움
그 뜨거운 그리움 한 올 풀어내지 못하고
오늘 또 아쉬운 하루를 보냅니다

커다란 그림자 하나
쓸쓸히 내 앞을 지나가고 있습니다.

꿈을 심다가

오늘도
거치른 마음 밭 한 귀퉁이에
싱그러운 꿈을 심으며
하늘을 올려다 봅니다

파란 하늘에
예쁜 꽃 한 송이
하늘거립니다
싱그러운 꿈 조각
벌써 피려나 봅니다

멋진 그대의 모습이
환하게 보입니다
꿈도 사랑인가 봅니다.

술래는 누구

알 수 없는 곳에서부터 시작된 미로
술래잡기하듯 앞 다투어 하나 둘씩 숨어버린다

멋지게 폼 잡으며 하늘을 메고 있던 산봉우리
쉴 새 없이 조잘대던 키다리 낙엽송
모두가 슬그머니 어디론가 숨어버렸다

여름내 물이 흐르던 계곡엔
미처 영글지 못한 꿈 껍질들이
안개처럼 부서져 계곡을 메우고
웃음소리 자글자글 쉴 새 없이 구르던 소롯길은
낙엽 속으로 숨어들고, 햇살도 빙그르르 돌다
자라모양 움츠리며 숲속으로 숨어버린다

반질반질 윤기 나는 눈, 코, 입
바람도 없는데 긴 머리 휘날리며 춤을 추더니
모래알처럼 사방에 흩어져 버리고
무게도 형체도 없는 희뿌연 광목 한 자락,
비닐처럼 날아와 내 곁에 눕는다.

쓸쓸한 대화

낯익은 숫자들을 콕콕 찍어가며 전화를 걸었다
삐리리링~ 삐리리링~
'절친'이라고 빨갛게 표시된 수십여 개의 번호 중
유일하게 연결된 한 사람
"그동안 어떻게 지냈니?"
"그냥 그렇지 뭐. 그런데 갑자기 웬일이니?"
"어~ 갑자기 네가 보고 싶어서 했지 뭐"
"그래? 그런데 지금은 내가 좀 바빠서~
다음에 시간 나거든 한번 보자" 철커덕. 머리가 띵하다
저를 보고 싶다는데, 자기를 보고 싶었다는데,
어떻게 지냈는지 안부 정도는 물어 볼만도 하건만
그것마저 물어볼 시간적 여유도 없는,
철저하게 시간의 노예가 되어버린 것일까
'절친'이란 말은 그렇게 '무친'으로 끝이 났다
숫자를 눌렀던 손가락 마디가 점점 저려오고 잡음을
들었던 귀가 멍~ 하다
여기가, 진정 인정 많은 나라 '대한민국'이 맞는가
언제부터 이렇게 '정 없는 나라'가 되었는지-

창틀에 매달린 감나무 이파리 하나
몹시 불안하다.

담 넘어온 아침을 맞으며

오늘은
해님이 유난히 부지런을 떤다
작은 시침이 아직 숫자 '6'도 가지 못했는데
앞집 담벼락을 기어오르는
암고양이의 연한 발갈퀴가 훤히 다 보인다

직바구리 울음소리
시끌벅적하게 뒷산을 뒤집어 놓는 것이
아마도 온몸을 휘감은 회갈색 반점
지금 막 커지고 있나 보다

집 앞에 작은 개울물 소리
뽀얀 물안개를 피우며 도란도란 정답게 들려온다
벌써 누군가 발을 담그며 물살을 가르고 있나보다
하루를 건너기 시작했나 보다

소파에 앉은 먼지를 닦듯 콧등을 쓰윽 문지르며
높은 담을 훌쩍 뛰어 넘어온 아침을 맞는다
인쇄 냄새도 채 가시지 않은 어제를 접으며.

너를 보내며

뽀얀 안개비가
요도천*을 감싸고 돌아
눈을 뜨면 금방 두 눈에 가득찬다

안개만큼 뽀얀 마음이
유리곽 같은
가슴속에 갇혀 나오지 못하고 발버둥을 친다

화려했던 육신, 육중한 사지가
안개수렁 속으로 흐믈흐믈 빠져든다
머리칼 한 올 남기지 않은 채.

이름 없는 눈물 조각
사방에 흩어져 구르고
잡을 수 없는 그림자 요도천* 가를 서성인다
실낱같은 두 눈에 안개비가 넘실대고
그 속에 구겨진 얼굴 하나 동동 떠간다.

*충주시 대소원면 소재 지방 하천

계절이 가는 길목 1

메마른 바람이
바스락대며 가슴속을 훑치길래
먼 하늘 바라보다
허공을 나는
그리운 이름자 찾았습니다

반가움에
복받치는 서러움에
한없이 흐르는 눈물
한 움큼 집어
들판에 뿌리다가
비구름 되어 뒤따르는
그리운 얼굴 보았습니다

내가 또 많이 아프려나 봅니다
그리운 사람,
보고픈 사람이 이렇게 많은 걸 보니.

동백꽃 지던 날

하얀 눈 속에서
발그레한 볼 수줍게 내밀던 너에게
내 순정 모두 주고
작은 바람 속삭임도,
마른 풀잎의 사랑 나눔 소리도
모두 들을 수 있었는데
지금은,
낭바닥에 붉은 물이 흥건히 고이도록
울며 부르는 소리도 듣지 못하고
내 앞에서 처연히 스러져가는
네 모습을 보고서야
나의 우둔함에 한없이 통곡을 한다

아~ 사랑이여!
내 사랑이여!
정말, 미안하구나—.

오늘이었음 좋겠다

누군가를
무엇인가를 간절히 기다린다는 것
무엇인가를
그 무엇인가를 그윽이 바라본다는 것
… …

사랑이었음 좋겠다.

새 봄날
포스스 날아드는 햇살 같은 부드러움
상큼함이
온몸으로 날아드는 날

양쪽 입꼬리가 살며시 올라가고
위아래 눈꺼풀이 꼬옥 붙도록 덮히어 그대로 멈추는 날

숨 쉬는 것조차 잊어버리고
감사함으로 고백 기도하는 날
오늘이었음 좋겠다.

제2부
시간의 갈피 속에서

왜 하필이면

지구상에 흩뿌려진 수많은 사람 중에
왜 하필이면 나일까,
왜 하필이면 너일까
이렇게 맑은 하늘 아래,
밝게 웃는 저 태양 아래
함께 가야 할 대상이 왜 하필이면—

생각만으로도 심장이 터질 듯 가슴이 뛰는데
보는 것만으로도 숨이 벅차 오는데
아무렇지도 않게
무슨 일이 있느냐고 묻는 너를, 왜 하필이면
내 그리움으로, 평생지기 사랑으로 선택한 것일까

나의 선택이 아닌
너의 선택이라도
왜 하필이면 그때, 그 어느 날에
내가 네 사랑으로
네가 나의 사랑으로 들어온 것일까

풀 내음 짜릿하게 날아드는
이 봄날에
지천명이 지난지 벌써 오래인 내 머릿속엔
온통 네 생각뿐이다
왜? 하필이면…

본능

태양이 잠든 시간
기다렸다는 듯 달려드는 태초적인,
원초적인 밤
또 그의 자식들

수천 볼트의 전류에 휘감겨
숨이 끊긴 밤

검붉은 애증이
흥건히 밤을 적시고
오늘,
또 하나의 날日이
소리 없이 죽는다.

사랑은 그렇게 온다

그래
그렇게 오는 거야
사랑은 그렇게
길고양이처럼 사브작 사브작
걷는 듯 마는 듯 하다가
어느 순간 왈칵 덮쳐오는 거야

그래
그렇게 오는 거야
하늘에 구름 덮이는 날
꾸무리 하게 올 듯 말 듯 하다가
옷 앞자락에 냉수 쏟듯이
소나기로 퍼붓는 거야
그렇게
가슴팍에 피멍이 들도록 달려드는 거야.

비봉산 정상에서

청풍호반에 붉은 해 솟아오르면
비봉산* 자락에서 조잘대며 밤샘을 한 새들이
날개깃 털며 하늘로 날아오르고
한껏 물오른 오월 초록은
물 맑은 청풍호에서 유영한다

산 꿩 울음소리 우레와 같이 들려오고
솜사탕 같은 구름 떼 몽실몽실 피어오르면
목매기송아지 울음소리 꿈결처럼 들려오고
잔잔한 청풍호반에
황금빛 파도가 산처럼 밀려온다

심장 뛰는 소리 승전고처럼 들려온다

말갛게 물 젖은 해님이 배시시 웃음을 건네고
살금살금 다가오는 청풍호의 바람은
오늘 또 비봉산 정상에 혼을 심는다

영원히 머물고 싶은 지금, 이 순간!
그대와 나
가슴 뛰는 사랑을 뜨겁게 엮는다
대 우주의 파라다이스 제천
비봉산 정상에서.

*제천시 청풍면 광의리 소재 산

님이여 영원히 빛나소서
– 일본 도시샤대학교 윤동주 혼비 앞에서

게 누구냐?
님의 영혼을
아직 파릇한 님의 영혼을 함부로 뒤 흔드는 자

수백 년,
수 억겁 년의 세월이 흘러도
감히 침범치 못할
뜨겁고 견고했던 순백의 영혼
이 세상 그 어느 곳에서 다시 찾아보려가

보이지 않는 가시넝쿨
사방 천지에 둘러쳐진 상황에서도
하늘을 우러러 한 점 부끄럼이 없기를 기도하던
푸른 영혼의 한 맺힌 절규
뉘라도 들을 수 있었으련만…

혼자서 몰래 가슴 설레던 예쁜 시간들
미처 다 품기도 전에
무서운 시간 앞에 처참히 꺾이고 만 그대 동주 님이시여!

바람도 구름도 아무렇지도 않게 흐르고 있는 오늘
이 도시샤 대학* 교정에서
70여 년 전 엷은 미소를 띠며 웃고 있던 님을 그리며
우리는 간절히 기도합니다
순백의 영혼으로
온 세상을 뜨겁게 사랑하고
또 사랑했던 님의 고운 마음
세상 곳곳에 길이길이 실어 비추이시길

* 윤동주 시인이 다녔던 일본 교토부 교토시에 있는 대학

고개 들지 못하는 이유

보일 듯, 열릴 듯 벌써 며칠째
시커멓게 애를 태우더니
주먹만한 자물쇠가 철커덕 잠겨버립니다

팍팍한 가슴에 비가 내립니다

천리 길 멀다 않고 달려온
님의 마음 다 알면서
마음 놓고 다정한 눈길 한번 주지 못하고
오열을 토하면서 또 그냥 주저앉습니다

불 켜진 네 기둥,
네모난 상자 속
그 귀퉁이 어느 곳엔가
웅크리고 있는 내 모습 다 보일까 봐
쓸쓸히 돌아서는 임의 모습 다 보일까 봐…

배고픈 영혼

푸드득 날아오르다
허공에 부딪혀 나동그라지는 겨울새
흩어져 날리는 깃-털!

발버둥치며
온몸으로 거부해도 오늘은 가고
꼬르륵!
빈창자의 울팀소리니찌
말라버린 이 세상에 유일한 희망
쭈-그-렁 냄비

둔탁한 쇳소리도
아껴 들어야 하는
배고픈 영혼
허공중에 맴도는
목쉰 쇳소리.

족자 속 시화

가슴속을 후비며 파고드는 바람
밤새, 한 번도 멈출 줄 모르고 들어와
물살 깊은 계곡을 만들고

나는,
한 땀 한 땀 새겨 넣은
그대의 혼 담긴 글
바라보다 껴안고, 다시 또 쓰다듬으며
운우雲雨 속을 헤맵니다

그대여
가려거든
까만 밤 소근대는 별빛들 모두 감추고
머뭇거리는 긴 그림자도
몽조리 거두어 가시지요…

횡재

날마다 다니는 길
무심히 걷고 뛰며 다니던 길
매일 만났다 헤어지는 수 많은 사람들
그 속에 하나인 나 그리고 너

변함없이 해가 뜨고 지고
무덤덤하게 살아가는 날들 중 하나인 오늘
생각지도 못했던 횡재를 했다
주변엔 아무것도 달라진 것이 없는데
나를 바라보며 웃는 사람을 만났다

오늘 나는,
매일 다니던 그 길에서
내 인생에 마음을 나눌
사람다운 사람을 만났다
지갑을, 마음을 활짝 열었을 뿐인데.

후회 1

혼자서 몰래 좋아만 할 것을.
가만히,
가만히 뒷모습만 바라보아도
숨 막힐 듯 가슴 벅찬
그대

아무도 모르게 부르지도 말고
가까이하지도 말고
혼자서,
혼자서 그냥 좋아만 할 것을…

바람

아프다!!

막무가내로 들어온 너 때문에
청아한 정수리,
단정했던 가슴팍에
한여름 우레비*가 휩쓸고 간 것처럼
구릿빛 추억들이 뒹굴고 있다

11월 달빛은 휘영청 밝은데
움푹 패인 두 눈엔 소리 없는 눈물이 강물처럼 흐르고
부르지도 못하는 그 이름은
비좁은 가슴팍에서 쿵쾅거리며 소란을 떤다
창틀에 붙어있는 감나무 잎새 요염하게 흔들린다.

* 천둥이 치면서 내리는 비

詩 다방에 홀로 앉아

그대의 따스한 눈빛
가득한 이곳에 옛 문인들 시향 더하니
옛 시절 그리움 파도처럼 밀려오네

색바랜 벽지, 낮은 천장에 매달린 희미한 등불
바람도 없는데 흔들거리며 춤을 추고
희뿌연 담배 연기 뽀글뽀글 일어나
낡은 탁자 위에 똬리를 튼다
맑은 영혼의 흔적들 증명이라도 하려는 듯

모카향 진하게 내려앉은 낡은 나무 탁자 위에
싱그레 웃는 님의 모습 무성영화처럼 펼쳐진다

학림*을, 모카커피를 유난히도 좋아하던 님
혼자여도 함께인 듯 다정한 추억 가득한 이곳,
오늘도 학림*에는 문우들의 시향이 가득 합니다

*종로구 대학로에 있는 제일 오래된 다방

불면증

벌써 74시간째 화학 약물에 혼을 담그고
온몸을 비틀며 몸부림을 친다

하얗게 지워지는 머릿속에
삐그덕 거리며
낡은 영사기가 돌아가고
낮은 천장에 오뚝 박히는 눈과 코
그리고 숨 가쁘게 돌아가는 시계 바늘

어쩌란 말인가
꼿꼿하게 덤벼드는
이 무지막지한 정신줄
그냥 버려두기엔
너무 애처로운 내 영혼의 껍질을…

홍수 터진 날

진종일 비가 내렸다
하늘에 구멍이라도 난 듯 마구 쏟아졌다
火풀이 하듯,
恨풀이 하듯이.

낮과 밤 구분 없이
세상 끝나는 날처럼 사방은 온통 진회색 빛깔로 뒤덮였고
산과 들은 성난 파도 넘실대는 바다로 변해갔다

왜!?
눈부신 태양은 누가, 어디로 데리고 갔는지-
그게 누구였는지, 무엇이었는지
물어볼 수도, 생각해 볼 겨를도 없는 하루가
허공중에 매달린 하늘에는
煉옥이란 두 글자 이글이글 타오르고
황갈색 흙물이 펑펑 쏟아져 내렸다

비바람 몰고 오는 천둥소리,
통곡하며 아우성치는 소리로 가득 찬 들판에는
새로운 바다가 생겨났고
바다에는 물고기 대신 자동차와 냉장고,
TV가 누워서 떠다니고
앞마당은 물론 산과 들이 풍덩 빠져 허우적대고
문수* 다른 외짝 신발들,
찢어진 옷가지들이
나뭇가지에 걸려 혼령처럼 너울대던 그 날,
그날을 사람들은 '홍수 터진 날'이라고 했다

*신 따위의 치수(크기)

무제
  - 흔들리는 날

비가 내린다
죽 - 죽 마구 퍼부어 댄다

크고작은 자동차들 쏜살같이 달려가고
또 달려온다
작고 가녀린 인간들
그 틈 사이로 미끄러지듯 들어간다

다리 없는가방과 서류봉투
춤을 추며 주인을 따라가고
거리의 흙탕물 발자국을 따라 뛴다
희망도 뒤질세라 그 뒤를 쫓아간다

억센 빗줄기
거리에 사선을긋는다
꿈? 을 포장하면서.

제3부
플랫폼에서

안부를 묻고 안부를 전하며

총소리, 대포 소리보다
더 크고 더 시끄럽게 들려오는
사람 같은 동물들 다툼 소리에 귀가 아프고

새도 아닌 것이,
천사도 아닌 것이
이른 아침부터 밤늦게까지
휘젓고 날아다니는 희한한 풍경에
멀쩡한 눈이 짓무르고 폐가 굳어 버리는 세상.
그래도
다정한 숨소리 들려주는
당신이란 사람 있어 참으로 고맙습니다

어디부터 어디까지가 진실인지 알 수는 없지만
나와 똑같이
온몸에 따듯한 피가 흐르고 있을 것 같아 믿고 싶습니다
그래서 올 한 해도 열심히 살아 보렵니다
밤새 안녕하셨느냐고
오늘도 아침 해가 환하게 웃었다고
안부를 묻고 안부를 전하면서.

운명이다

내가 지금 여기,
이 자리에 앉아
조금은 설레고
조금은 경직되게 긴장하면서
싱그러운 바람의 향기를 맡고 있는 것.

햇빛 한 줄기 들어실 틈 없이
숨막히게 고통스럽던 수많은 시간늘
그 시간의 편린들이 아직 눈앞에 얼씬대지만
사랑하고
그리워하고
또 그리워 목이 메이는 이 기구한 삶
아직 살아 있음에
겸허히 받아들여야 할 나의 운명이다.

플랫폼에서

바람이 분다
끈적하고 축축한 바람.

한여름에 철없는 진눈깨비가 내린다
환한 대낮에
벌거벗은 사람들이
빽빽하게 얽힌 시간 속을 뛰어다닌다

오고 가고 보내고 마중하고
그렇게 시간이 흐르고 세월이 흘러가고
삶이 굴러가고
추억이 굴러가면
다시 또 처음인 듯
설레며 마주할 수 있을까 우리.

새로운 시작

새로운 시간
새로운 출발

얽힌 시간 속 어둠을 깨치고
마음속 어둠을 부수고 일어서는 소리
천지간에 퍼져있던
순한 햇살 파고드는 소리
가슴 저 밑바닥에서
용솟음쳐 오르는
새 희망의 소리
버들강아지 배시시 눈뜨는 소리
모두 다 그리움이다
사랑이다

아!
이제 봄이다.

이젠 내려놓을 때

무채색 수평선 위에
살그머니 올려놓은 내 마음 그대는 알 수 있으려나

뒷산 뻐꾸기 날마다,
날마다 목이 쉬도록 울어대는 그 마음
이제야 겨우 알고 가슴 메어지는데

비가 내려 다행이라며
'하늘나비' 놀이를 하자던 그 마음
수 세월이 지난 지금
여린 가슴 짖 찢기는 고통을 참고 있는데…

무형, 무채색, 무향기로
바람을 타야만 갈 수 있고
또 올 수 있는 나의 님이여!

아카시아 꽃향기가 제일 좋다며
꽃 피면 함께 걷자던 그 길을
이제서 뻐꾸기 울음 따라 걸어봅니다.

내 삶의 꼭지점을 찾은 날
 – '비마터' 앞에서

아무것도 모르는 내게
아무것도 모르는 내가
귀하고 귀한 님의 자취를 만났습니다

사방에서 들려오는 따스한 음성
나는 결코 혼자가 아님을,
혼자가 아니었음을
이 먼 이국땅에서 깨닫습니다

아무런 계획도 준비도 없이
생면 부지인 사람들 틈에 끼어서
갑작스레 이곳으로 오게 된 것,
어떤 상황에서도
나를 엄호하며 인도해 주시고
가까이 또 멀리 놓아주심도
혼자 무서워 두려움에 떨까 봐 준비해 주신
님의 큰 뜻이었음을…

나의 모든 것,
내 삶의 모든 것은 님의 계획이요
님의 은혜요 사랑입니다.

내 살아 숨 쉴 곳

눈을 감고 누워도 잘 수가 없고
놀아도 즐거움이 없네
내 안에 있는 그대가 허락하지 않는 한

주위에 모든 불빛 다 잡아도
내 작은 가슴속에
베작베작 비집고 드는 그대의 눈빛,
한여름 태양보다 더 뜨겁고 강열하게 불을 지피니
어찌하오리까
내 쉴 곳,
내 살아 숨 쉴 곳은 오직 한 곳
그대 포근한 가슴뿐인 걸…

아직도

갈대 사그락대는 바람 소리를 좋아하고
하얗게 웃으며 손짓하는 갈대를 보면
아직도 가슴이 두근거린다
노랗게 물든 은행잎이 거리에 나 뒹굴면
물밀듯이 밀려오는 그리움에 가슴이 메이고
떡비*라도 조금 내리는 날이면
시계視界의 모든 것이
그대와의 인연으로 되살아나
애써 참아왔던 그리움이 무너져 내린다

늦은 저녁 창가에 앉아 커피 잔을 들다가
잔속에 가득 찬 너의 잔영을 보고
소스라치게 놀란 가슴이 기절을 한다
아무런 예고도 없이
순식간에 비집고 들어온 추억의 그림자
커다란 머그잔이 비좁아 넘치는 그리움
잔을 잡은 두 손이 갈색으로 물이 든다.

*가을비. 가을걷이가 끝난 후 내리는 비.

이젠 나도 살고 싶습니다

자동차 시동 끄는 소리 차 문 여닫는 소리
현관에 들어서며 신발 벗는 소리,
거실로 옮겨 딛는 발자국 소리만 들어도
알 수 있습니다 그대를,
그대의 평온한 마음…

굳이 마주 보지 않아도
입가에 번지는 미소를 느낄 수 있고
발자국 떼어 놓는 소리,
문고리 잡는 소리 외투 벗는 소리에서
그대의 모든 것을 알 수 있습니다
오늘 무슨 일들이 있었는지-

그런데 나는, 나를 모릅니다
언제부터인지
슬퍼도 웃어야 하고 아파도 안 아픈 척해야 하고
싫어도 좋은 척을 해야 하는
내 마음이 아닌 남의 삶이 일상이 돼 버렸습니다
진짜인 나는 많이 아프고 힘이 드는데

그것조차도 진짜 내가 맞는 것인지
혼란스러울 때가 있습니다

이젠 나도 살고 싶습니다
오롯이 나를 알고,
나를 아끼며 사랑하고, 자랑질도 실컷하고,
그리고 뚱딴지처럼 투정도 부려보고
또 맘껏 웃고 울기도 하면서
미운 사람 흉도 보고 수다도 떨어보고 싶습니다
따스한 봄날
포근히 스며드는 봄비처럼
그렇게 세상 속에 스며들면서…

서리 내린 아침에

곰-삭이다 내뱉은 깊은 한숨이
밤새 이슬로 내려 굳어버린 아침
하얗게 눈 흘기며 살그락 대는
가을 들녘의 갈대가 자유롭다는 것을
이제야 깨달음은
세상을, 세월을 헛살았음…

무심히 버려두고 지나쳐도 될 것을
허허, 헛웃음 한 번 웃으면 될 것을 난,
왜 이리도 오래도록 너를 품고 있었는지
싸늘히 식은 너의 체온을,
슬피 울며 떠나는 네 영혼을 접하고서,
각혈을 토하며 떠난
네 빈자리를 보고서야 깨달았다

넌 영영 내게로 오지 못한다는 것,
난 영원히 네 곁에 갈 수 없다는 것을.

빗금을 그리며

온몸을 다 기울여 선을 그립니다
세 평짜리 방안이
비좁은 듯 몸뚱어리가 기우뚱거립니다
넓은 줄 알았었는데…

벌겋게 상기된 얼굴,
한숨 소리와 함께
와상상 나둥그러지는 육신
구부렁거리며 그려진 세평보다 더 커다란 선
지금껏 살아온 흔적입니다

구부러진 선線 속에 들어있는 행복과 슬픔
그리고 그리움
어느 곳을 보고, 어느 것을 취하고
모두가 나의 몫,
이젠,
이쯤에서 나를 내려놓고 싶습니다
숨 쉴 수 있는 시간이 내게도 있음을 감사하며.

그대의 혼불

바람도 아니요
구름도 아니요
향기도 없고
그림자도 없이
수천볼트에 감전되듯 블랙홀에 빨려 들어가
영원토록 함께 할
그대의 혼불

지구 어느 한 모퉁이에도
머리털 한 올 남아있지 않은
나는,
그대가 영원토록 지켜 주어야 할
마지막 혼 불.

누워서 천정을 보다가

수십 년, 수많은
시간을
지금처럼 누워있었는데
왜 못 보았을까
저 천정에 비친 나의 모습을

잔잔한 무늬가 조심스레 얽혀진 천정
그 사이로 조각소각 붙여긴
울고 있는 모습과 웃고 있는 모습,
슬퍼하는 모습과 괴로워하는 모습,
행복한 모습과 사랑스런 모습,
지금까지 살아온 나의 모든 생애가
빠짐없이 조각조각 붙여져 있었다

앞으로 남은 삶
매사에 감사하며,
뉘우치며 살아야 함을
다시금 깨닫는다
누워서 천정을 보다가.

시간의 벽

공중전화 앞에서 서성대는 시간
수십 개의 눈초리가 온몸에
칼날처럼 꽂혀
주춤주춤 뒤로 물러서면

붉은 마음
뚝뚝 떨어져 내려 川를 이루고
그리운 그대 얼굴에 얼룩이 진다

바싹 마른 시간
날지 못하는 바람
그 위에
아직은 따듯한 마음 한 조각

너무 멀다
그대에게 가는 길

이제부터 시작이다

신령한 숨소리 하늘과 땅을 가득 채우고
시작과 끝의 날실을 붙잡고
밀고 당기는 지금은
보신각 종소리도 잠이든 0시 0분
그리고 1초,
이제부터 시작이다

가슴에 맺힌 핏 멍울 풀어주는 일!
목화솜처럼 포근한 마음 나눠주는 일,
그리고,
너무 뜨거워 심장이 녹을 듯한 사랑
그런 사랑 한번 해보는 거다

감사함이 넘쳐 바다를 이루고
펄떡이며 뛰는 심장이 멈추는 그날까지.

아틀란티스
- 산토리니에서

수천 년 전 유토피아 대륙이었다던 이곳

현세인現世人 그 누구도 본적 없다는
그 대륙을
마음속에 꺼내 본다

파란 하늘을 닮은 교회 지붕과
백설을 뿌려 놓은 듯 눈이 부신
하얀 집과 하얀 골목들
동화나라에 온 것 같이
예쁘고 귀여운 산토리니*에
시도 때도 없이 불쑥불쑥 튀어나오는
그대 모습처럼
문득 눈앞에 솟아오를 것 같은
아름다운 섬 아틀란티스**

그 바닷가를
나란히 걷고 있는 그대와 나
천상에서 가장 아름다운 모습을

*그리스 에게해 남부에 있는 작고 둥근 모양의 화산 군도
**바닷속으로 사라진 전설의 아름다운 나라

엽서를 쓰다가

무너져 내리는 그리움에
차마 부르지도 못하는 이름자
내 가슴팍에 들어와
우레비*로 내리고 있다

아무도 모르게,
아무도 모르라고
마음속으로만 부르는 이름자

살며시 잡아보고 싶고
살며시 기대고 싶고
살며시 안아보고 싶은 이름
살며시,
살며시 안겨 보고픈 이름

엽서 한 장으로는 다 못다 적을
그리운 마음
하늘 위에 흰구름으로 띄워보낸다

제4부
언제쯤이면

참 사랑의 말

염려 말라는 한마디 말에
온 마음 녹아내려
부끄러움도 잊은 채 눈물을 흘립니다.

이 세상
그 누구에게도,
그 어느 곳에서도 들어보지 못한 뜨거운 말!

살아생전 들어보지 못한
그 다정한 한마디 말!
'염려 말아요' 다 잘 될 것입니다'.

내 삶 전부를 다 버리고
내 모든 걸 다 바치고픈
그대 고마운 말 '염려 말아요'~
아!
참사랑의 말이어라~!

중독

아침마다 해가 뜨고
저녁에 또 해가 지는 것은
누구의 권유일까

하늘 천정에
네 모습 도배 되어 있는 것은
누구의 배려?일까~~

알고 있다
잊어야 한다는 것,
미워도 하지 말아야 한다는 것
이제 더 이상,
아무것도 품지 말아야 한다는 것.

허나,
나는 가고 있다
날마다 먹어도 허기져 다시 또 먹는 밥처럼
단 한순간도 멈추지 못하는 숨처럼,
오늘도 너에게-.

눈 내리는 4월에

감각을 잃은 지 벌써 여러 해
바람도 방향을 잃고 휘청대는 4월
칼도 없으면서
날카로운 이빨도 없으면서 예리하게 찔러댄다

갈까 말까 망설이는 겨울
올까 말까 주춤대는 새봄
그 곁에서
길~게 목 빼고 기다리는 너,
나 그리고 우리

기약도, 기한도 없이 멈춰버린 생각들
색감도 잃은 채 무디게 석화되어가고
이러다 한 세월 다 가겠네
그대가 오는 것도 잊어버린 채.

에게해를 건너며 2

파란 하늘이 바다가 되고
바다가 다시 파란 하늘이 되니
하늘과 바다는 곧 하나

살아서 고맙고
만나서 더 고맙고
함께여서 더 더욱 고마운 마음
에게해 수면 위로 윤슬 되어 내딛디

널 사랑함이
나를 사랑함과 같을 수 있다면
그대 사랑함이
우리 사랑함과 같은 것이라면
세상은 同그리마.

착각은 자유

흰 눈이 다복이 쌓이는 한겨울에도
수십 리 밖까지
은은한 향기 내뿜는 아름다운 꽃.

163, 52
32, 26, 34
완벽한 숫자의 조합, 황금 분할 소유자

험난한 이 세상
잠시 잠깐 내뱉는 한숨 소리에도
나의 존재 금방 알아채고
세상, 어느 모퉁이에서든
쏜살같이 달려와 줄
멋진 애인 가진 자
나 말고 또 있을까?

아마도 없을 거야
아무도 없을 꺼야
나 말고는.

만남 그리고 이별
- 투하우스*에서

숨은 쉬었는지 기억도 없다
작은 가슴에 펄떡이며 이는 격랑
뉘 볼세라 가슴 여미기 바빴다네

긴 목선따라 흘러드는
아메리카노 한 모금이
가을 하늘 뭉게구름보다 더 포근하고 황홀하여
두 눈을 감고 말았던
10월 그 어느 날 오후

그렇게 시간을, 추억을 한데엮어
세월이란 굴레 속으로 밀어 넣고
아프지만 곱게곱게 익어가길
두 손 모아 기도하였다네
아름다운 그대 님 떠나가던 날.

*제천 의림지에 있는 카페

무엇이 다른가

아름답고 예쁜,
멋지고 싱그러운 여인네를
하루 진종일, 밀고 당기고, 끊고 붙이길 수십 차례
그러다가
달랑 사진 한 장 내놓는 者,

요리조리 고개 틀고, 팔다리 뒤바꾸며
방향, 각도 잡는다고
매끄러운 몸매를 제 맘대로 뒤집기 수차례
그러다가 투덜대며 털어낸 붓끝에
요염한 여인네 하나 달랑 달아 놓는 者,

눈이 시리도록 보고픈
여인 먼 곳에서 바라만 보다
흰 눈 펄펄 내리는 날, 외나무다리에서 맞닥뜨려
떨리는 가슴으로 와락 눈물 쏟으며
덥석 마음 덜미 잡히는 者.

무엇이 다른가?

삶의 한 조각을 나누며

하늘이 빼꼼이 열려있는 천동계곡에
매미 울음소리
폭포수처럼 쏟아져 내리는데
진종일 따라 붙던 그림자는
어느새 신선이 되어 정자에 오르고
말갛게 씻긴 초록물은
노크하듯 똑똑 떨어져 상위에 오른다

곁에 있어도 항시 그리운 나의 님은
이 귀한 자리에
오늘도 나를 초대한다
참으로 고맙고 행복한 순간이다

언제쯤이면 1

아무리 밀어내고 또 밀어내도
자꾸만 더 차오르는 그대 그리움
살점이 찢기고 뼈를 뒤트는 고통에 비길까

내 안에 가시덩굴 가득 들여놓고
기름 부어 불붙이면
재로 되어 날아갈 수 있을까 그대 가슴에

언제쯤이면
먼지잼*에라도 눈 한번 붙여볼 수 있을까?
그대 손 잡고.

*먼지나 잠재울 정도의 아주 조금 내리는 비

왜일까요

실바람 불어와 속삭이면
두 볼이 빨개지며 화끈거리는 것은
해님이 환하게 마을 길을 걷다가
갑자기 내게 안겨올 때
쥐구멍이라도 들어가 숨고 싶은 것은,

휑하니 넓은 들판에
수많은 별들이 우르르 쏟아서 내리는 밤
아무런 인기척도 없는데
비포장도로에 녹슨 경운기가 달려가듯
심장소리 버겁게 들려오는 것은,

까맣다가 하얗다가
노랗다가 다시 새빨개진 모습으로
부스스 일어나는 아침을 보며,
소리 없이 볼을 타고 내리는 는개비*를 만지며
가만히 혼자 가슴 아파하는 것은?

*안개보다 조금 굵은 비

언제쯤이면 2

커피 한 잔에도
심오한 인연의 끈 숨어 있다는 것 넌 모르지

아무도 모르는,
아무도 모르게
살며시 흐르는 너와 나의 밀어
입가에 번지는 너의 미소 속으로
살며시 밀어 넣고 있었는데-

갈빛 인연,
고소하고 향기로운 그 아름다운 인연의 빛깔
언제쯤이면 그 인연
나인 줄 알 수 있을까.

그대는 지금 어디에

하루라도 못 보면 죽을 것 같고
단 한 시간도 곁에 없으면 못살 것 같다던,
이 세상 그 무엇과도 바꿀 수 없고
자기 목숨보다 더 소중하다며
오직 너만을 오로지 너만을 외치던 그대는…

코스모스 울긋불긋 온 세상을 물들이고
가슝이* 녀석 살랑살랑 꼬리치며 하늘을 나는데
그대는 지금 어디에…?

*고추잠자리의 옛말.

내게 힘든 일

하루 왼종일
생각 속에 빠져 허우적거리다가
가는 곳도 잊고
가야 할 곳도 잊어버리고
어둠을 맞이했다

어둠이란 빛의 색을 말하는 것이 분명한데
지금 나에겐
새벽보다 더 밝고 환하게 다가온다

깜깜해야 할 밤이
내 눈엔 깊어갈수록
더욱더 환해지는 것은 어인 일일까?

이 한밤중에
한낮에 햇빛보다
더 밝고 눈부신 그대 모습
환하게 웃으며 다가온다.

오늘도
밤이라서 눈 감고 잠을 자야 한다는 의례적인 일이
내겐 매우 힘든 일이 되고 있다.

어떻하지

발그레 익은 달님이 게슴츠레 눈을 감더니
오늘도 내가 또 울 것이란다

겨울 내음 가득한 바람이
몇 올 안 되는 내 머리칼을 부둥켜안고
한바탕 뒹굴자고 한다

어깨에 두른 겨자색 넌선 스카프가
낙엽처럼 주르륵 미끄러져 날리고
통 넓은 바짓가랑이 슬금슬금 내려와
땅 바닥에 주저앉고
끈 떨어진 슬리퍼는 집 나간지 벌써 여러날-

어떡하지
널 따라 나서고 싶은데
내 눈엔 잔비*가 자꾸 내린다
한 걸음도 마음대로 떼어 놓을 수 없도록.

*가늘고 잘게 내리는 비

가랑잎 속에 사랑을

하나~ 둘
바스락거리며 내려와 앉는 가랑잎을 보면서
그대의 모습을 그려봅니다
살포시 보조개를 드러내며
소리 없이 웃던.

날마다, 날마다
하나둘 떨어져 쌓인 가랑잎이
산이 되어 불쑥 나타난 모습을 보며
깜짝 놀라다가
살며시 미소 짓는 그대를 봅니다

가랑잎 속에서
포근한 사랑을 키우고 있는 그대를,
꼼질거리며 움돋는,
톡! 터져 나올 것 같은 아슬~ 한 사랑을.

제5부
찔레꽃 피는 오월 창가에서

분홍스웨터

털북숭이 스웨터를 여미고 또 여미며
잰걸음으로 고갯길을 넘습니다
삭정이 울음소리 등을 잡아채며 자꾸만 따라옵니다
덥지도 않은데
땀방울이 하얗게 쏟아집니다 소낙비처럼.

어미 몰래 마실 나온 초사흘 어린 달이
하얗게 놀래 파르르 떠는데
달래줄 수도 없는 난 앞도 보이지 않는 길을
얼른 가자고 재촉만 할 뿐…

새 옷이라며,
어린애처럼 좋아하며
쓰다듬고 바라만 보다 남겨준 유일한 선물
숭숭 뚫린 구멍 속에 사랑 섞어 넣어둔 당신의 향기
취하고 싶습니다 안기고 싶습니다.

설은 입김이 하얗게 얼어붙는 이 밤,
여미고 또 여미며 가슴 가득 안아 보는
당신의 사랑 분홍스웨터!

찔레꽃 피는 오월 창가에서

찔레꽃 향기 물씬 날아드는
오월 창가에
향긋한 그림자 하나 어룽댑니다
메마른 가슴팍에
물 젖은 꽃 한 송이 피어납니다.

"밥 굶지 말고 꼭 챙겨 먹구,
넘어지니까 뛰어다니지 말어~
아무리 바빠두~ 어둡기 전에 일찍일찍 다녀야 혀~"
귀밑머리 쓰다듬으며 주문처럼 하시던 말씀…

철 지난 바람도 아니 부는데
눈자위로 넘실대는 하얀 꽃송이 속
좁은 가슴팎에서 용솟음치다
목울대로 넘어오는 뜨거운 핏덩어리
엄~마!

하얀 목선이 유난히도 곱고 향기로운 울 엄마
찔레꽃 흐드러지게 피는 오월이 오면
어린애처럼 마냥 더 그립습니다
엄마의 팔베개,
땀 젖은 살 내음이.

후회 Ⅱ

아무 말도 하지 못하고
또 돌아섭니다
수줍은 마음은 늘 어깨 뒤로 숨고
텅 빈 소리만 입속에 남아
메마른 솔잎으로 떨어집니다

따가움도 느끼지 못하면서 실실거리다
가슴속에서 흥건히 배어 나온 피를 보면서
눈가에 흐르는 피를 닦으며,
후회의 눈물을 흘립니다

애살스런 당신의 모습이
한없이 그리운 오늘
창밖엔
비가 노-드리듯* 퍼붓고 있습니다.

---

* 빗발이 굵고 곧게 뻗치며 죽죽 내리쏟아지는 모양

고향 그리움 1

금방이라도 푸른 물이 주루룩 흐를 것 같은
시리도록 파란 하늘에
그리움에 멍든 얼굴이 어룽대고

비봉산 넘나들다 지쳐 숨어든 바람 술렁이며
꼭 닫힌 기억문을 연다 한자가 넘도록
쌓인 먼지를 털면서.

사립문 뒤 곁에 세워둔 고추 모와 가지 모
뒷논에 물길 내던 괭이와
삽자루 인분을 담아 나르던 장군 항아리
텅 빈 들판에 둥실 떠 있다.

흰 꼬리 살랑거리며
온 동네를 휘젓고 다니던 복돌이 녀석
아직도 그렇게 예쁜 짓 하나보다 하늘에
흰 구름 꽃 피어나는 걸 보니.

고향 그리움 2

마음이 예쁘고 착한 사람들만 사는 마을이라
늘 오색 무지개 비가 내렸었던
알록달록 물젖은 단풍잎이
지붕 위에, 담장 위에 수북이 쌓여 있던

낮은 굴뚝마다
예쁜 꿈들이 뽀얗게 꿈틀대며 하늘로 오르던
산골 작은 마을에
책갈피마다 예쁜 단풍잎을 꼭꼭 끼워 넣던
손가락이 작고 귀여운 소녀가 있었는데…

가을에 내리는 비는
알록달록 오색 무지개 비라서
무지개가 되고 싶고,
하늘에 오르고 싶어 빗물에 손을 씻는다던
조그만 그 소녀

아직도
그 예쁜 꿈 키우고 있을까?

가숭이 1

비단보다 더 고운 날개 살랑거리며
토방 낮은 문턱을 넘나들던

하늘만큼 높은 빨랫줄을 떠받치고 있는
커다란 바지랑대 끝에
사뿐히 걸터앉아
한껏 날렵함을 뽐내던

새도 아니면서, 나비도 아니면서
조그맣고 가냘픈 것이
높은 하늘에 날아올라
온갖 재주 다 부리며
파란 하늘 빨갛게 달구어 놓던
고놈의 가숭이*
보·고·싶·다.

*고추잠자리를 부르던 옛말

가숭이 2

은갈대 해살거리는 계절이 오면
파란 하늘 뽀글뽀글 피어나는 흰 구름 사이로
요리조리 날아다니며
여린 가슴 제 마음대로 휘저어놓고
잔뜩 마음 설레게 하고는
온 세상이 제 것인 양 빠알갛게 물들여 놓던

고놈의 부드러운 날개깃 한번 만져 보려고
하루 진종일 안간힘 쓰다가
끝내 허탕을 치고 석양을 업고 돌아와선
혼자 서러워 울먹이던 '석이' 녀석

먼 하늘에 구름처럼
어룽대는 꼬지지한 그 얼굴
보고 싶다.

진달래 연가

벼랑 끝을 붙잡고 진종일 울었나 보다
아니, 벌써 서너 날은 된 것 같다
주변에 붉은 물이 흥건하게 괸 것을 보니

바람이 불다 멈춰버린 곳인가 보다
이슬 맺힌 꽃술에 마른 솔잎이
그대로 쌓여 있는 것을 보니

생전에 눈길도 한번 돌리지 못하고
하늘만 쳐다보며 살았나 보다
저렇게 새초롬히 매달려 있는 것을 보니

아무도 함부로 손대지 못하게
아무도 가까이하지 않고
저렇게 홀로 가려나 보다

올봄에도
황골엔* 붉은 물이 지천으로 흐르겠다

*충북 제천시 청풍면 후산리에 있는 계곡명칭

불타는 가을 향기

앞산 너머엔
세월을 담아둔 굴뚝이 있는가 보다

옥수수 대궁 타는 냄새
덜 마른 볏단이 통째로 타는 냄새
알록달록 계절 타는 냄새가 S자를 그리며 날아온다

하얗게 웃음 짓는
갈대의 파닥거리는 냄새
꽉 닫힌 창문을 밀고 들어온다

물 젖은 시간들이 창틈에 가득 고이고
주저앉아있던 시간들이 슬며시 일어나 언덕을 내려간다
보랏빛 무지개를 만들며…

내 어릴 적 토실토실한 그림자도
불똥을 튀기며 날아온다
머리 누린내가 방안까지 진동한다
그땐 머리도 참 길었었는데…

그리운 병病

밤송이처럼 까칠하게 돋아난 잔디 위에
보얀 털이 숭숭난 할미꽃을 한 움큼 따 안고
돌아오는 길에 노랗게 핀 개나리꽃을 보다가
눈물병病이 터졌습니다
손수건으로 대 수건으로 닦아도
노-드리듯* 쏟아져 내리는 눈물은
가슴에 안은 할미꽃의 다복한 털을 모두 적시고
온몸이 다 젖어도 비출 줄을 모릅니다

해마다 봄이 오면,
예쁜 꽃과 여린 풀들도
변함없이 깨어나 웃음꽃을 피우건만
한 번 가신 할머니는 영영 오시질 않습니다
치매도 안 걸리셨던 우리 할머니,
봄비 속에 묻혀서 한 번쯤 오실 만도 한데
아마도 길을 잃으셨나 봅니다
벌써 수년째 못 오시는 걸 보면.

*빗발이 죽죽 쏟아져 내리는 모양

마음속에 사는 사람

응석도 부리면서 매달리고 싶은
마음 쓸쓸히 감추어 두었습니다.

때로는 밉기도 하고,
때로는 속상하기도 하고
따스한 마음 모를 바도 아니었지만
그래도, 가슴 한구석
언제나 빈 마음 몰래 숨기고 살았습니다.

사는 동안 못 견딜 만큼 외롭고 쓸쓸해지면
하나씩 꺼내보며
마음 달래보려고 다짐하였지만
살아온 세월 너무도 힘들어
자꾸만 자꾸만 떠오르는 사람

수많은 세월이 지나도
새록새록 되살아나는 얼굴, 그 아름다운 시간들
다시금 되돌아가고 싶은 시간에는
지워도 지워도 어느새 몰래 들어와
마음속에 사는 사람.

함박눈 내리는 날

함박눈이 진종일 내리는 날
까치가 부리나케 마당 위로 날아들며
그리운 마음을 부릅니다

금방이라도
사립문을 밀치며 들어 올 것만 같아
문창호지가 다 미어집니다
문지방이 다 닳습니다

해 지는 줄도 몰랐는데
어느새 산처럼 커진 그림자,
하얀 그림자가
사립문밖에 우두커니 서 있습니다
눈雪은 멎을 낌새도 없는데…

그리움

톡 터뜨리고 싶은
맑은 웃음이었다
살며시 볼 부비고 싶은
귀여움이었다
두 손 꼬옥 잡고 싶은 반가움이었다
와락 껴안고 싶은
뜨거운 사랑이었다

너, 네가
나의 물렁한 심장을 움켜쥘 때까지
나는 몰랐었다
반백 년 이상을 들어온 매미 울음소리가
심장을 파고 들어와 하얀 피를 쏟아낼 때까지
나는 그것을 몰랐었다.

목련꽃 흐드러지게 핀 밤에

목련꽃 향기 가득한 밤
산비둘기 울음소리 비수처럼 날아들 때면
온몸에,
소름 돋듯 돋아나는 그리움이 있습니다

수십여 년 굳게 닫아버린 마음
늙은 소나무 등껍질처럼 되었건만
봄이면,
항상 찾아오는 꽃바람처럼
돌아서 감추는 그대의 속울음

목련꽃 흐드러지게 피는 밤이면
소쩍새 울음소리 더욱 커지고
까만 밤은 그대와의 추억으로 점점 환해져
오롯이 숨어 있던 그리움 하나
펄떡이며 춤을 춥니다.

봄날의 추억

진달래가 자지러지듯 사방에 토해 낸 붉은 웃음은
유년의 기억을 불러내고
함께 놀자고 재촉을 합니다
같이 놀기엔 너무도 멀리 와 버린 나,
우리들…

입술이 새파래지도록 진달래꽃을 따 먹고 뒹굴던,
생각만으로도 촉촉함이 묻어나는 친구들의 이름자
눈가에 대롱대롱 매달립니다
'그리움'이란 보자기에 살포시 싸안아 보지만
금방 밖으로 삐져나오는 예쁜 이름들
멍하니 바라만 봅니다

보자기 하나로 싸기엔 너무나 커다란
어린 시절 봄날의 추 억

제6부
작은 소망

모두 인연이고 싶다

길게 한숨 몰아쉬고 올라앉은 자리에
소리 없이 스며들어
붙어 앉는 검은 안개

삶의 도피가 아닌
시간의 사기 행각으로
저당 잡은 지구의 정거장

최후의 발악을 하듯
굉음을 토하며 날쌔게 내딛는
지친 지축을 뒤흔들며
날日의 끝과 시작을 쫓아가는
검은 철鐵새

생의 뒤편으로 사라져가는
'오늘'이라는 날
지금 이 시간,
그 무엇이든
모두 인연이고 싶다.

오월 장미 앞에서

끝닿을 수 없는 곳
눈부심으로
그리움으로 오롯이 살아있는 그대여

바라보는 것만으로도
설레는 마음 뜨거워지는 가슴

드러내지 않으려 감추고 또 감추어도
삐져나오는 마음
뉘라서 감히 그립지 않다고 말하리

숨은 가시
새롭게 돋아나는 오월, 이 붉은 오월에
오늘도
내게 오는 시간
떠나는 바람에게
가만히 안녕을 고한다네
그대 무한 안녕하기를-

봄날에

가고 싶습니다.

맑은 바람 사분사분 불어오는 이 봄날에
그리움이야!
사랑이야!
외로움이야!
말할 수 있는 곳.

두 손 꼭 잡고
숨 막히도록 벅찬 마음
시원하게 풀어낼 수 있는 곳.

들숨과 날숨이 뒤엉켜
불나방처럼 미친 듯이 춤을 추는
이 현란한 봄날!
꽃 같은 그대와 함께.

오늘 하루만이라도
 - 생일날에

오늘은 나도 어린애가 되어
당신의 손에 매달려
예쁜 인형 사달라고 떼를 쓰고 싶습니다

오늘은 나도 어린애가 되어
예쁜 옷 입고 맛있는 과자 한 봉 사 들고서
신나게 노래하며 소풍을 가고 싶습니다

오늘은 나도 어린애가 되어
당신의 무릎에 앉아 까칠한 턱수염 간지럽히며
마음껏 장난을 쳐보고 싶습니다

오늘은 나도 어린애가 되어
따뜻한 당신의 품에 안겨 어리광을 부리며
신나게 한번 놀아보고 싶습니다

오늘은 나도 어린애가 되어
당신의 사랑에 푹 빠져 보고 싶습니다
오늘 하루만이라도, 그렇게 살아 보고 싶습니다.

열차 출발했습니다

봇물처럼 한데 엉켜 터져 나오는 시간들 속에서
이제 막 찾은 나의 꼭지점!

신새벽 동해에서 불끈 솟아오르는
태양의 황홀한 눈부심을 본 적 있을 그대여!
자갈밭 길 달려가는 빈 수레 같은 심장소리
들어본 적 있는가—

삶과 죽음이
꼭지점 하나로 마무리된다는 걸 그대는 아는가

오늘
내가, 우리가 살아 함께함이
그대의 행복이요 나의 영광이란 것
수억 겁 년 전의 응보라는 것
이제서 알고 부여잡은 오늘의 꼭지점!
고맙고 사랑스러워 꼬옥 안고 달려갑니다

종착역이 어디인지 알 수 없지만
덜컹거리는 심장을 꼬옥 움켜쥐고
이제 막 부풀기 시작한
하얀 꿈을 펴면서.

그대를 보내놓고

마른번개 내치고
산속으로 달아나는 참를 쫓아서
죽을힘을 다해
산속으로 뛰어드니
숨어 우는 나의 모습이 보입니다

아파서
너무 아파서 숨을 쉴 수가 없었던
속이 새까맣게 다 타들어 가도
삭이고 또 삭여야만 했던 아픈 일상들
이젠 더 이상 썩을 내장도 없어
훤히 다 들여다보이는 내부 세계

간신히 버티던 검은 눈물이
흙비가 되어 쏟아집니다

아무도, 아무것도 없는 텅 빈 가슴속에
이젠 '나我'를 들여놓고 싶습니다
나도 살고 싶습니다.

자목련 지던 날

자목련 향기 가득한 날
매혹한 바람 창가에 매달려 부르는데
딱딱한 껍질 포장된 마음
깨뜨리지 못하고 뜯어내지 못하여
한숨만 나오네

네모, 세모, 동그라미
그렸다 지우고, 지웠다 또 그리는 마음
하루 왼 종일 지키고 있어도
다스릴 수 없는 마음 조각

창밖에
어둑어둑 큰 그림자 손 흔들고
매콤한 바람 불어오니
활짝 핀 자목련 후드득 떨어져
창가에 눕는다

아린 눈물 주르륵 흐른다.

봄 마중하는 날

파란 하늘 바라보다
해님도 웃고
그 님도 웃고
내 님도 웃고
지나가던 바람도 덩달아 따라 웃는
오늘,
오늘은
내 삶 중 최고로 행복한 널
내 사랑 몽땅 그대에게 드리는
숨통 터지는 날

봄날의 향유

솔바람 향기 타고
흰 구름 두둥실 여유롭게 떠가는데
벌써 따가운 봄 햇살은
부서지는 파도를 안고
산과 바다로 부산하게 날아다닌다

반짝이는 은빛 물결
향긋한 솔 향기
은근한 바람에
머리카락 휘날리는 오늘 같은 날은
살아있음에 느낄 수 있는
최고의 행복한 날.

나였으면

꿈에라도 가고 싶다 애원하며
그리워하는 그 사람
바로 나였으면.

눈을 뜨면 사라질까 뜨지도 못한 채
해님이 데려갈까
바람이 데려갈까 안절부절 못하고
아무리 옷깃을 잡아끌어도 따라오지 않는
그대는
너무도 얄미운 나의 님

'불러도 대답 없다' 애통해하는
그대의 '님'이
코앞에서 바라만 보며 속울음 우는
나였으면,
바로 나이었으면…

바램

노란 후리지아가
조심스레 봉우리를 터트리니
수줍은 듯 주춤거리던
진달래와 연산홍이
서로 다투어 봉우리를 터트리고 있습니다.

그제보다 어제
어제보다 오늘
더욱더 곱게, 화사하게 치장을 하고
새색시 같은 수줍음으로
살며시 다가와 서 있는 봄날의 오후

함께이고 싶습니다
싱그러운 그대와.

약속

365일인 일 년, 30일인 한 달,
7일인 일주일, 24시간인 1일,
일日로 헤아리나 시간으로 따지나
셀 수 없이 많은 시간, 많은 날 중에
그대와 함께 눈 맞춤할 시간 왜 이렇게 없는지…

속이 상한 사람과
육신이 상한 사람 중
가장 불쌍한 사람은 속이 상한 사람이라는데
나로 인해 늘 마음 상하는 님이여!
잘 알면서도 그 마음 헤아리지 못하니
늘 미안한 마음…

해님이 웃을 땐 함께 웃고,
비 내리는 날이나, 하얀 눈 내리는 날엔
어디든 정답게 함께 걷자던,
무엇이든 함께 하겠다던 님과의 굳은 약속
이제부터 사는 동안 꼭 지켜나가리다.

가을비 내리는 날엔

걷고 싶습니다
살며시 눈뜨고 세상을 바라보는 솔잎을 밟으며
떡비* 포슬포슬 내리는 날엔.

솔잎 새새로 내려앉으며
지나온 시간,
지나온 사연들
모두 풀어내던
그대 그리운 마음 혹여 있을까

싱그러운 풀섶에서 또륵 또르르륵 익어가는 가을 내음
진한 바이올렛 향기에 젖은
그대의 나지막한 목소리
잔잔한 숨소리…

가을비 사그락대며 내리는 날엔
소나무 숲길을 걷고 싶습니다
다정한 그대와 함께.

*가을비의 다른 말

산 넘으면 보일까 바다를 건너면 만날까

눈 속에 넣어도 아프지 않고
가슴에 안으면
금방 사그러들 것 같은,
보고 또 보아도 다시 더 보고 싶은
그리운 님이여~!

하늘을 훨훨 날아 넓은 바다 건너고
높은 산 넘어가시니
아~ 아
언제 다시 또 봬올 수 있을까

검은 구름 하늘을 덮고
거품을 물고 달려오던 파도는
털썩 주저앉아
수평선을 뒤흔들며 소리쳐 웁니다

온 바다가 하얗게 눈물을 뿌립니다
지축이 기우뚱거리며 멀건 기침을 합니다

하늘 문도 열리지 않을 것 같습니다
오늘처럼,
뼛속까지 님 생각 사무치는 날엔.

이렇게 좋은 날엔

맑고 파란 하늘 아래
뱃고동 소리보다 더 크고
더 높이 뛰는
내 심장 박동 소리 어찌하면 좋을까요

목청이 터져라 외쳐대던 만인의 염원 대한독립!
뜨거운 핏방울 사방에 흩어져 뒹굴고
뼈와 살이 꽃잎 되어 온 세상에 흩뿌려진 님의 영령 앞에
감사 기도드리며 목메어 부르고 또 외칩니다
대한독립 만세! 대한민국 만만세!

연초록 바람이 볼을 간지르며 지나가고
순한 햇살이 살그머니 다가와 기대어 앉는
지금 이 순간,
벅차오르는 기쁨에 뒤엉켜버린 들숨과 날숨
어찌해야 하나요
어찌하면 좋을까요
이렇게 좋은 날엔.

▮평설

삶의 여정과 휴머니즘 실천의 정신
– 김명자 시인의 시 세계

지은경 (시인·문학평론가·문학박사)

1

 기원 수천 년 전부터 인간은 희로애락의 감정을 시로 표현하여 오늘날까지 발전하며 이어져 왔다. 기록에 의하면 시의 전달 방식은 축가, 장례, 종교의식, 관혼상제 등이다. 아리스토텔레스의 '시학'에서도 "시는 인간 존재와 인간 조건에 대한 보편적 진리를 드러내는 한 형태"라고 정의하고 있다. 이와 같이 인간은 시를 통해 세상을 조망하고 자기 존재를 드러내며 새로운 세상을 창조하고자 한다.
 김명자 시인의 시들은 서사적 요소와 서정적 요소들이 잘 어우러져 스토리 형식으로 이야기를 풀어나간다. 주관적인 감성을 통해 드러낼 수밖에 없는 시들은 한 편 한 편 특별한 의미를 지니고 있다. 시의 주제는 그리움, 사랑, 죽음 등 삶의 근원적인 문제들을 솔직하고 정직하게 표출하고 있다.

　김 시인은 제천시청에서 오랫동안 공직생활을 해오며 제천시립도서관장, 제천시 남현동장 등 공동체의 수장으로서 자기 임무를 충실히 하면서 시의 세계를 일구어왔다. 직장과 가정, 시의 세계까지 여성의 몸으로 지켜왔다는 것은 나름 쉽지 않았을 것으로 생각된다. 상당한 고충이 있었을 터인데 무난히 감당할 수 있었던 것은 시가 시인을 명분 있게 살도록 품어주고 위로해 주었기 때문일 것으로 사료 된다. 시에 나타나는 시인의 정신세계가 궁금하다.

2
　충청북도 제천시에는 대표적인 명산이 있다. 대자연이 만들어낸 절경 중의 절경 비봉산이다. 전국에서 등산애호가들이 이 산을 사랑하여 많이 방문한다. 해발 531m의 낮은 산 안의 청풍호반의 조망은 맑고 아름다움이 한눈에 들어와 한 폭의 수채화를 보는 듯 아름답다. 자연에서 나고 자란 시인의 시는 자연처럼 투명하고 가식이 없다.

　　청풍호반에 붉은 해 솟아오르면
　　비봉산 자락에서 조잘대며 밤샘을 한 새들이
　　날개깃 털며 하늘로 날아오르고
　　한껏 물오른 오월 초록은
　　물 맑은 청풍호에서 유영한다

　　산 꿩 울음소리 우레와 같이 들려오고
　　솜사탕 같은 구름 떼 몽실몽실 피어오르면
　　목매기송아지 울음소리 꿈결처럼 들려오고

잔잔한 청풍호반에
황금빛 파도가 산처럼 밀려온다

영원히 머물고 싶은 지금, 이 순간!
그대와 나
가슴 뛰는 사랑을 뜨겁게 엮는다
대 우주의 파라다이스 제천!
비봉산 정상에서.

* 제천시 청풍면 광의리 소재 산

- 시 『비봉산 정상에서』 전문

  비봉산의 청풍호반은 청풍냉월이리 부를 만큼 아름답다. 시인은 비봉산의 황홀한 절경에 안겨 시를 쓴다. "영원히 머물고 싶은 지금, 이 순간!"이라며 감탄의 부호를 남긴다. 인간은 자연으로부터 많은 것을 취하면서 그 고마움을 잊고 살 때가 많다. 시인은 자연의 아름다움을 독자에게 전달한다. "청풍호반에 붉은 해 솟아오르면/ 비봉산 자락에서 조잘대며 밤샘을 한 새들이/ 날개짓 털며 하늘로 날아오르고/ 한껏 물오른 오월 초록은/ 물 맑은 청풍호에서 유영한다"에서 비봉산의 일출이 호반에 비추어 마치 호수에서 해가 솟아오르는 듯한 모습을 한 폭의 그림처럼 이미지화하고 있다. "산꿩 울음소리 우레와 같이 들려오고/ 솜사탕 같은 구름 떼 몽실몽실 피어오르면/ 목매기송아지 울음소리 꿈결처럼 들려오고/ 잔잔한 청풍호반에/ 황금빛 파도기 산처럼 밀려온다"는 산새 소리가 산중의 고요를 깨우고 새날을 시작함을 알린다. 뭉게구름 피어오르면 송아지 울음소리가 꿈결처럼 들려오는 것에서 비봉산의 고적하고 평화로운 정경을 보여준다. 이 시는 정지용의 시 '향수'를 연상시키기도 한다. 시인은 비봉산의 절경을 가감 없이 생생하게 이미지 시로 형상화하고 있다. 마지막 행에 "대 우주의 파라다이스"라며 비봉산의 천하 절경을 노래한다. 그곳을 다녀온 필자의 눈에도 틀림없는 '파라다이스'임을 입증할 수 있다. 산은 우리에게 정서적 평화를 주며, 공기를 정화시켜 주고 약초도 제공하는 무한 베품의 자비이다. 요즘은 심각하게 자연이 훼손되고 있어 인간은 자연의 약탈자라는 생각이 들기도 한다. 그러나 비봉산은 제천 시민들이 잘 가꾸고 보호하여 훼손되지 않아 고맙고 다행이다. 위 시는 제천의 비봉산을 예찬한 시로 옛 선인들이 청풍명월을 벗 삼아 글을 썼다는 말이 비봉산에서 나온 말임을 짐작하게 한다.

금방이라도 푸른 물이 주루룩 흐를 것 같은
시리도록 파란 하늘에
그리움에 멍든 얼굴이 어룽대고

비봉산 넘나들다 지쳐 숨어든 바람
술렁이며 꼭 닫힌 기억문을 연다
한자가 넘도록 쌓인 먼지를 털면서.

사립문 뒤 곁에 세워둔
고추 모와 가지 모
뒷논에 물길 내던 괭이와 삽자루
인분을 담아 나르던 장군 항아리
텅 빈 들판에 둥실 떠 있다.

- 시 『고향 그리움 1』부분

　시인의 애틋한 고향 사랑의 시이다. 고향은 그리움의 공간이요, 회귀성의 공간이며 생각만 해도 마음이 포근히 녹아들어 정신적 억압을 해방시키는 공간이다. 고향에 돌아온 시인은 촘촘한 인간관계의 복잡함에서 벗어나 시를 쓰며 여백을 만들 것이다. "금방이라도 푸른 물이 주루룩 흐를 것 같은/ 시리도록 파란 하늘"은 고향 제천 비봉산의 맑고 아름다움을 묘사하고 있다. "비봉산 넘나들다 지쳐 숨어든 바람/ 술렁이며 꼭 닫힌 기억문을 연다/ 한자가 넘도록 쌓인 먼지를 털면서"는 오염된 도시에서 돌아온 고향은 비봉산을 바라보기만 해도 시인은 잊혀졌던 기억들이 눈을 뜬다. 여기서 기억의 문은 맑은 정신으로 돌아옴이며 시인을 행복하게 하는 기억들이다.. "사립문 뒤 곁에 세워둔/ 고추 모와 가지 모/ 뒷논에 물길 내던 괭이와 삽자루/ 인분을 담아 나르던 장군 항아리/ 텅 빈 들판에 둥실 떠 있다"고 하는 것은 농사를 지은 흔적들로 인분 담는 장군 항아리에서조차 안정감을 찾고 있으며 텅 빈 시골 정서를 정감있게 보여주고 있다. 여기에서 먼지는 눈에 보이는 가시적인 것은 물론 정신적 것까지 포함될 것이다. 그래서 시인은 가끔은 자연을 벗하며 고요와 사랑에 빠져야 한다. 번뇌가 많으면 스스로를 속박하게 되고 타자에 상처를 입히거나 자신이 상처를 입기도 한다. 참선 수행을 마친 선사의 해탈처럼 고향에 돌아온 시인의 마음은 고요와 평안의 자연에서 시를 구상하게 되리라.

　마음이 예쁘고 착한 사람들만 사는 마을이라

늘 오색 무지개 비가 내렸었던
알록달록 물젖은 단풍잎이
지붕 위에, 담장 위에 수북이 쌓여 있던

낮은 굴뚝마다
예쁜 꿈들이 뽀얗게 꿈틀대며 하늘로 오르던
산골 작은 마을에
책갈피마다 예쁜 단풍잎을 꼭꼭 끼워 넣던
손가락이 작고 귀여운 소녀가 있었다

- 시『고향 그리움 2』부분

　시인의 고향은 마음이 예쁘고 착한 사람들이 사는 아담한 마을이다. 비가 와도 그냥 비가 아니라 오색무지개 비가 내리는 마을이다. '알록달록한 단풍'에서 아름다운 색채가 그림 그려지는 이미지즘의 시로서 화화적 미감과 언어의 조합이 신비에 빠지게 한다. "낮은 굴뚝마다/ 예쁜 꿈들이 뽀얗게 꿈틀대"는 이곳이 시인의 고향이다. "책갈피마다 예쁜 단풍잎을 꼭꼭 끼워 넣던/ 손가락이 작고 귀여운 소녀"는 바로 시인 자신일 것이다. 시인은 고향에 돌아오면 순수했던 유년으로 돌아간다. 유년으로 돌아간다는 것은 정서적 안전한 지대에 있는 것이다. 그렇게 시인은 고향에서 삶의 에너지를 충전한다. 농촌의 부모님은 노동으로 허리가 휘도록 일을 했다. 척박한 땅을 일구어 자식들을 먹여 살렸다. 어머니의 삶은 생의 전체가 참아야 하는 인내의 삶이었다. 시인이 본 부모님의 삶은 인내와 동의어였으며 그런 부모님의 삶을 이어받아 시인은 인내를 배웠다. 그녀는 가업을 이어받지 않고 공직을 선택했다. 그

것은 그녀에게 나은 삶을 살겠다는 강한 개척정신을 내면에 품고 있었다고 본다. 직장에서는 승진이라는 도전의 벽을 넘어야 했고, 밤이면 글쓰기라는 고된 노동이 기다리지만 문학은 즐거운 노동이었다. 위대한 삶을 일구도록 문학이 응원해 주었다. 그러나 어떤 삶을 선택하든 세상과의 소통이 편편치 않았을 것이다. 지속적인 갈등과 화해하며 사랑과 우정을 찾고자 했다. 어른이 되어도 시인은 세상살이가 서툴고 어색하기만 하다. 그것은 아직도 세속화하지 않은 순수함이 남아 있기 때문이다.

3

인간은 얼마나 개성이 강하고 복삽한 존재인가. 또한 깊은 사유의 존재이며 행동하는 동물이다. 행동은 바로 그 사람의 본질을 드러내는 것이며 반복되는 그 사람의 행동을 보면 생각의 진실이 새삼 무게로 다가온다. 시인은 보고 듣고 느끼는 감정을 기록하며 의미 찾기를 즐기는 사람이다. 시인이 시를 쓰게 되는 동기 역시 인간의 자아실현 욕구의 하나이다. 정신의 자기표현을 차원 높은 고도의 언어로 하는 사람을 우리는 문인이라고 말하며, 시적으로 표현하는 사람을 시인이라고 부른다. 사물을 보고 인생을 보고 세계를 보고 느낀 감정을 시적으로 표현한 것이 바로 시이다. 이렇게 쉽게 말하고 정의하지만 실제로 써 보면 시가 제대로 써진 것인지 말하기는 쉽지 않다.

아무 곳에나 툭 떨어져도
싫어하지 않고 얼싸안고 뒹구는

벌레가 먹어 더 많이 예쁜

짓밟히는 아픔보다
밟혀주는 기쁨으로
또 다른 삶을 열어가는 너

— 시 「가을 낙엽」 부분

위 시는 이생진 시인의 시 "나뭇잎이/ 벌레 먹어서 예쁘다// 떡갈나무잎에 벌레 구멍이 뚫려서/ 그 구멍으로 하늘이 보이는 것은 예쁘다/ 남을 먹여가며 살았다는 흔적은/ 별처럼 아름답다"(-벌레 먹은 나뭇잎)과 비슷한 느낌을 주는 시이다. 화자의 시 또한 "아무 곳에나 툭 떨어져도/ 싫어하지 않고 얼싸안고 뒹구는/ 벌레가 먹어 더 많이 예쁜// 짓밟히는 아픔보다/ 밟혀주는 기쁨으로/ 또 다른 삶을 열어가는 너"에서 이생진 시 「벌레 먹은 나뭇잎」은 '남을 먹여가며 살았다는 흔적은 별처럼 아름답다'와 같은 표현은 아니지만 '짓밟히는 아픔보다 밟혀주는 기쁨으로 또 다른 삶을 살아가는 너'에서 타자의 기쁨을 자기화하는 배려를 아끼지 않는 부분이 이생진의 시와 같은 맥락을 이루고 있다. 시인은 영성과 감성과 지성의 도움을 받아 시를 짓는다. 그 중에서도 시의 뿌리는 감성이다. 시의 감성이 독자의 고달픈 마음을 쓰다듬고 품어줄 때 감동을 준다. 자연의 사계절은 인생의 삶을 닮았다. 스산한가 하면 따듯하고 따뜻한가 하면 매서운 바람이 몰아친다. 숱한 번뇌에 묶인 사람들 '묶은 사람은 없는데 묶인 사람만 있다'는 어느 선사의 말처럼 모든 것은 내가 묶고 내가 풀어야 한다. 결론은 시의 본질은 공감이라는 말을 상기하자. 시가 대중에게 감동을 주려면 공감대를 형성해야 생명력을 잃지 않는다는 것을 입증하는 시이다.

생각지도 못했던 횡재를 했다
주변엔 아무것도 달라진 것이 없는데
나를 바라보며 웃는 사람을 만났다

오늘 나는,
매일 다니던 그 길에서
내 인생에 마음을 나눌
사람다운 사람을 만났다
지갑을, 마음을 활짝 열었을 뿐인데.

– 시 「횡재」 부분

인간은 사회적 동물이다. 사회라는 조직에 의해 인간관계를 맺으며 살아간다. 조직은 신뢰와 이해와 상호 필요로 할 때 도움을 주고받는 우호적 인맥으로 끈끈한 관계이다. 좋은 관계인지 아닌지는 어려운 상황에서 분명히 실체가 드러난다. 베프(베스트 프렌드)나 절친은 어려움을 당했을 때 그 진가를 드러낸다. 어려울 때 도움을 주는 친구가 진정한 친구이다. 어떤 대가를 바라고 서로 도움을 주고받진 않지만 관계를 지속하려면 주고받는 게 어느 정도 비슷해야 한다. 좋은 관계란 진심을 다하는 긍정적인 행동을 보여주는 관계이다. 신뢰를 쌓는 건 오랜 시간이 걸리지만 잃는 건 한 순간이기에 진정성 있게 언행해야 한다. 시 「횡재」는 시인의 품성을 잘 드러내는 시이다. 횡재는 생각지 않게 얻

어지는 재물이다. 현대인은 횡재를 노려 복권을 사거나 경품 응모에 당첨되고 싶은 요행을 기대하기도 한다. 그러나 시인이 획득한 횡재는 재물이 아니라 좋은 사람을 만나는 것으로 시인은 사람을 재물보다 더 소중히 여김을 보게 된다. "나를 바라보며 웃는 사람을" 만난 것뿐, "지갑을, 마음을 활짝 열었을 뿐"인데 횡재를 했다는 것에서 시인은 받기를 바라는 사람이 아님을 알 수 있다. 시인이 바라는 것은 큰 것이 아니다. 마음을 나눌 수 있는 사람이면 된다. 타자의 웃음을 보기만 해도 행복해 한다. 웃음을 찾기 힘든 현대인의 일상을 보여주는 시이다. 이기주의가 팽배한 현대인은 지갑이나 마음을 쉽게 열지 않는다는 점을 생각할 때 시인은 기꺼이 지갑도 열고 미소도 찾고자 하는 배려의 너그러운 마음을 헤아릴 수 있다.

총소리, 대포 소리보다
더 크고 더 시끄럽게 들려오는
사람 같은 동물들 다툼 소리에 귀가 아프고

새도 아닌 것이,
천사도 아닌 것이
이른 아침부터 밤늦게까지
휘젓고 날아다니는 희한한 풍경에
멀쩡한 눈이 짓무르고 폐가 굳어 버리는 세상.
그래도
다정한 숨소리 들려주는
당신이란 사람 있어 참으로 고맙습니다
어디부터 어디까지가 진실인지 알 수는 없지만
나와 똑같이
온몸에 따뜻한 피가 흐르고 있을 것 같아 믿고 싶습니다

어야 한다. 결론은 시의 본질은 공감이라는 말을 상기하자. 시가 대중에게 감동을 주려면 공감대를 형성해야 생명력을 잃지 않는다는 것을 입증하는 시이다.

> 생각지도 못했던 횡재를 했다
> 주변엔 아무것도 달라진 것이 없는데
> 나를 바라보며 웃는 사람을 만났다
>
> 오늘 나는,
> 매일 다니던 그 길에서
> 내 인생에 마음을 나눌
> 사람다운 사람을 만났다
> 지갑을, 마음을 활짝 열었을 뿐인데.

― 시 「횡재」 부분

인간은 사회적 동물이다. 사회라는 조직에 의해 인간관계를 맺으며 살아간다. 조직은 신뢰와 이해와 상호 필요로 할 때 도움을 주고받는 우호적 인맥으로 끈끈한 관계이다. 좋은 관계인지 아닌지는 어려운 상황에서 분명히 실체가 드러난다. 베프(베스트 프렌드)나 절친은 어려움을 당했을 때 그 진가를 드러낸다. 어려울 때 도움을 주는 친구가 진정한 친구이다. 어떤 대가를 바라고 서로 도움을 주고받진 않지만 관계를 지속하려면 주고받는 게 어느 정도 비슷해야 한다. 좋은 관계란 진심을 다하는 긍정적인 행동을 보여주는 관계이다. 신뢰를 쌓는 건 오랜 시간이 걸리지만 잃는 건 한 순간이기에 진정성 있게 언행해야 한다. 시 「횡재」는 시인의 품성을 잘 드러내는 시이다. 횡재는 생각지 않게 얻

어지는 재물이다. 현대인은 횡재를 노려 복권을 사거나 경품 응모에 당첨되고 싶은 요행을 기대하기도 한다. 그러나 시인이 획득한 횡재는 재물이 아니라 좋은 사람을 만나는 것으로 시인은 사람을 재물보다 더 소중히 여김을 보게 된다. "나를 바라보며 웃는 사람을" 만난 것뿐, "지갑을, 마음을 활짝 열었을 뿐"인데 횡재를 했다는 것에서 시인은 받기를 바라는 사람이 아님을 알 수 있다. 시인이 바라는 것은 큰 것이 아니다. 마음을 나눌 수 있는 사람이면 된다. 타자의 웃음을 보기만 해도 행복해 한다. 웃음을 찾기 힘든 현대인의 일상을 보여주는 시이다. 이기주의가 팽배한 현대인은 지갑이나 마음을 쉽게 열지 않는다는 점을 생각할 때 시인은 기꺼이 지갑도 열고 미소도 찾고자 하는 배려의 너그러운 마음을 헤아릴 수 있다.

총소리, 대포 소리보다
더 크고 더 시끄럽게 들려오는
사람 같은 동물들 다툼 소리에 귀가 아프고

새도 아닌 것이,
천사도 아닌 것이
이른 아침부터 밤늦게까지
휘젓고 날아다니는 희한한 풍경에
멀쩡한 눈이 짓무르고 폐가 굳어 버리는 세상.
그래도
다정한 숨소리 들려주는
당신이란 사람 있어 참으로 고맙습니다
어디부터 어디까지가 진실인지 알 수는 없지만
나와 똑같이
온몸에 따뜻한 피가 흐르고 있을 것 같아 믿고 싶습니다

그래서 올 한해도 열심히 살아 보렵니다
밤새 안녕하셨느냐고
오늘도 아침 해가 환하게 웃었다고
안부를 묻고 안부를 전하면서.

  － 시「안부를 묻고 안부를 전하며」전문

　현대인은 불확실성 시대에 살고 있다. 3차산업, 4차 산업 혁명시대로 진입한 물질문명은 시대적 요청에 의해 계속 진화한다. 물질문명과 자본주의로 대변되는 현대문명은 부익부 빈익빈의 사회적 양극화 현상이 소통의 부재를 심화시킨다. 인류는 야만에서 문명의 발전과정을 거치며 진보 발전해 왔다. 그러나 아무리 문명을 발전시키고 이루어도 야만의 습성이 남아있다. 무지와 야만의 본성이 폭력을 드러내면 그 댓가를 치러야 한다. "총소리, 대포 소리보다/ 더 크고 더 시끄럽게 들려오는/ 사람 같은 동물들 다툼 소리에 귀가 아프고"는 현대인은 먹이를 앞에 놓고 서로 차지하려 다툼하는 야만성을 드러내는 부분이다. 세계 전쟁이 끊이지 않는 것도 현대문명은 갈등이 심화되어 인간의 잔혹성과 야만성으로 평가할 수 있다. "멀쩡한 눈이 짓무르고 폐가 굳어 버리는 세상"이 오늘날 현대인의 모습이다. 그래서 시인은 "어디까지가 진실인지 알 수는 없지만/ 나와 똑같이/ 온몸에 따뜻한 피가 흐르고 있을 것 같아 믿고 싶"은 것이다. 다정한 숨소리 들려주는/ 당신이란 사람이 있어 참으로 고맙"다. 그래서 "밤새 안녕하셨느냐고/ 안부를 묻고 아부를 전하"며 맞는 아침이다. 시인은 믿음을 주고받기 어려운 세상에서 먼저

믿음을 보여주는 휴머니즘 정신을 실천하고 있다.
　벌써 74시간째 화학 약물에 혼을 담그고
　온몸을 비틀며 몸부림을 친다
　하얗게 지워지는 머릿속에
　삐그덕 거리며
　낡은 영사기가 돌아가고
　낮은 천장에 오똑 박히는 눈과 코
　그리고 숨 가쁘게 돌아가는 시계 바늘

　어쩌란 말인가
　꼿꼿하게 덤벼드는
　이 무지막지한 정신줄
　그냥 버려두기엔
　너무 애처로운 내 영혼의 껍질을…

- 시「불면증」전문

　한국인의 의식구조 조사를 보면 앞만 보고 달려가는 상향의식이 강하다. 앞만 보고 달려왔다는 것은 성공적인 평가를 받기 위해서이다. 그러다 보니 무비판적으로 살아왔다는 것을 인지하게 된다. 현대성의 위기는 인간성 파괴, 자연 파괴의 현상으로 드러난다. 나아가 인간관계에서오는 시기와 질투 등 갈등과 반목으로 고민과 근심이 사라지지 않는다.
　교통사고를 당했던 시인은 수년 동안 병원치료를 받았다. "벌써 74시간째 화학 약물에 혼을 담그고/ 온몸을 비틀며 몸부림을 친다"는 치료과정에서 환자는 고통의 몸부림을 적나라하게 진술하고 있다. 환자의 지독한 고통을 어림이지만 헤아릴 수 있다. "하얗게 지워지는 머릿속에/ 삐그덕 거리며/ 낡은 영사기가 돌아가고/ 낮은 천장에 오똑 박히는 눈과 코/ 그리고 숨 가쁘게 돌아가는 시계 바늘"에서 잠 못 드는 환자의 고통이 매우 염려스럽다. 불면의 고통은 수면이라는 기본적인 생체리듬이 깨어지는 것이다. 72시간이면 3일간 잠을 못 잔 것이 된다. 이 정도면 신경쇠약이나 심신장애가 생길 수 있다. 불면증은 생리현상을 파괴하여 생활을 무기력하게 하고 피폐해질 수 있다는 점에서 치료를 받아야 한다.

바람이 분다
끈적하고 축축한 바람.

한 여름에 철없는 진눈깨비가 내린다
환한 대낮에
벌거벗은 사람들이
빽빽하게 얽힌 시간속을 뛰어다닌다

오고 가고
보내고 마중하고
그렇게 시간이 흐르고 세월이 흘러가고
삶이 굴러가고
추억이 굴러가면
다시 또 처음인 듯
설레며 마주할 수 있을까 우리.
― 시 「플랫폼에서」 전문

『플랫폼』은 김명자 시인의 시집 표제 시로 시집 전체를 아우르는 알고리즘으로 해석해 본다. '플랫폼'은 그의 시에서 어떤 문제를 해결하기 위한 한 방법으로 차

용된 수사이다. 플랫폼은 역의 정거장으로서 많은 사람들이 오고 가는 만남과 이별의 장소이다. 다시 말해서 인생의 플랫폼으로서 시적 은유인 것이다. 메타포는 추상적 시어이지만 삶의 숨겨진 비밀스러움을 구체적이고 감각적으로 전달하기위해 차용된 언어이다. 시의 은유는 입체적이다. 입체주의는 규정화된 일정한 형태를 파괴한다. 전통적이고 선험적인 서술관점을 깨고 재현의 개념으로 전환하는 미학적 특성을 지닌다.

뭉크의 '절규'의 착상이 그러하다. "어느 날 저녁 피곤했고 몹시 지쳐 있었다. 해가 서산 너머 막 지는데 구름은 붉게 물들어 있었다. 그 순간 어디선가 비명소리를 들은 거 같았다". 바로 그때 이 그림을 그렸다고 한다. 실존은 인간이 현실에서 세계와 마주하는 현실이다. 시인은 절망과 불안의식의 세계를 정면으로 응시하고 있다.

4

시의 승부는 생각의 힘이다. 시인은 시의 깊고 넓은 사유로 자기표현을 언어로 실현하고자 한다. 고로 언어를 다루는 시인은 고도의 언어지능과 언어지문을 가진 사람이라고 말할 수 있다. 김명자 시인의 시들은 요즘 어렵게 쓰는 현대시가 아니다. 솔직하고 정직한 자기 고백의 시들은 서정적 정서를 지니고 있다. 그리움의 대상은 이성이기보다 자신을 향한 그리움이며 현실적인 제약 속에서 문학에 대한 열정을 잃지 않는 진심이 담긴 작품은 문학을 통해 삶을 치유하고 위로받고자 한다. 온전히 자신에게 돌아가 자신을 찾고 싶은 정체성 회복의 시들이다.

또한 존재론적 불안의식의 시들도 있다. 자신의 내면세계를 마주한다는 것은 존재론적 불안의식을 깨닫는 기회가 되며 인간실존에 관한 존재에 질문을 던지는 것은 자신을 정의하는 중대한 내면세계를 발견하는 것이 된다. 삶의 의미를 찾는 과정에서 자신의 실체를 보며 심리적 불안의 상태를 드러내기도 한다. 하이데거는 우리가 일상적인 삶에서 불안과 마주할 때, '비본질적인 존재'에서 '본질적인 존재'로 돌아가는 기회를 맞게 된다고 말한다. 즉 자신의 존재에 대한 근본적인 질문을 통해 깨달음을 찾아가는 것이다.

  인간이 동물과 다른 것은 본능을 억제하는 것이다. 본능을 억제함으로 사회 질서가 무너지지 않고 공동체가 유지된다. 그러나 제어하지 못할 때 그 파괴력 또한 크다. 그러므로 삶의 억압에서 오는 스트레스가 병이 되기도 한다. 불합리한 세상에서 김명자 시인에게 시는 치유의 과정이 되기도 한다. 시인의 시들은 삶의 여정에서 아름다운 인간의 본성으로 돌아가기를 원하는 휴머니즘 실천정신을 보게 된다. 청정한 자연을 찾는 것이 심리적 신체적으로 좋은 영향을 주고 있다. 현대인에겐 슬픔, 외로움, 우울이 필수품처럼 따라다니지만 시인은 이익을 멀리하고 따스한 마음을 나누고자 하는 수양의 끈을 놓지 않고 있다. 마음을 하나에 집중하여 고요에 머무르는 것도 하나의 수행이다. 시인은 시를 쓰며 흐트러지려는 마음을 다시 가다듬어 안정과 평화를 찾고 있으며 휴머니즘 실천 사상이 이시집의 평가라 하겠다.

MEMO

MEMO

MEMO

MEMO

김명자 제4시집

플랫폼에서

| 초판 인쇄 | 2024년 11월 28일 |
| 초판 발행 | 2024년 12월 13일 |

지 은 이   김명자
펴 낸 곳   도서출판 책나라
등   록   110-91-10104호(2004.1.14)
주   소   ㉾ 03377 서울시 은평구 녹번로 3가길 14,
              라임하우스 1층 101호
전   화   (02)389-0146~7
팩   스   (02)289-0147
홈페이지   http://cafe.daum.net/sinmunye
이메일   E-mail / sinmunye@hanmail.net

값 13,000원

ⓒ 김명자, 2024
ISBN 979-11-92271-41-5

* 이 책 내용의 전부 또는 일부를 재사용하려면
  저작권자와 도서출판 책나라 양측과 협의하여야 합니다.
* 저자와의 협의에 의하여 인지를 생략합니다.
* 파본은 구매 서점에서 교환하여 드립니다.
* 이 시집은 2024년 충북문화재단〈예술창작활동지원사업〉에 선정되어
  제작되었습니다